Istikhara

Der Schlüssel zur klaren Entscheidung

von Safia Bashir

Inhaltsangabe:

Vorwort...Seite 8

Was ist das Istikhara?............................Seite 12

Die Führung...Seite 15

Das Gefühl...Seite 20

Geschichten & Historische Beispiele.......Seite 24

Das Dua sprechen.................................Seite 29

Ursprung im Islam................................Seite 34

Eine kontroverse Perspektive.................Seite 37

Istikhara Heute & Gelehrten Meinungen. &
Zusammenhang zum Muslim sein...........Seite 42

Die Durchführung von Istikhara.............Seite 51

Erfahrungen mit Istikhara.....................Seite 58

Nachwort & Danksagungen...................Seite 94

Istikhara

Der Schlüssel zur klaren Entscheidung

von Safia Bashir

Vorwort:

Der Begriff Istikhara stammt aus dem Arabischen und bedeutet wörtlich übersetzt "das Bittgebet um das Beste".

Istikhara bedeutet also im Kontext, dass man Allah bittet, einem bei einer schwierigen Entscheidung zu helfen, das Beste für einen selbst zu wählen, sei es im weltlichen oder religiösen Bereich. Man vertraut darauf, dass Allah einem die richtige Wahl zeigt und einem das Gute erleichtert.

Ich habe mich dazu entschlossen, das Wissen und die Erfahrungen, die ich in Bezug auf das Istikhara gesammelt habe, mit den Menschen dieser Welt zu teilen. Istikhara hat mir in meinem Leben geholfen, den richtigen Weg für mich zu finden, und viele andere Menschen konnten mir auch ihre Erfahrungen mit diesem Gebet mitteilen.

Da ich kein Fan von komplizierten Wörtern bin und es lieber mag, die Dinge einfach zu halten, damit jeder versteht, was hinter dem Istikhara steckt und welches Geschenk es für uns Menschen ist, werde ich kleine, wahre Geschichten einbauen und anhand dieser Beispiele die Vielfalt des Istikhara und seiner Offenbarungen erklären.

Meine Absicht ist es, die Menschen zu erreichen und ihr Innerstes für den Zauber dieser Welt zu öffnen. Ich werde zuerst erklären, was das Istikhara genau ist.
Danach erkläre ich, wie man das Istikhara verrichtet, welche Bedeutung es im Islam hat und welche Rolle das Istikhara im Leben der Muslime einnimmt. Das Ganze wird unterstützt mit anerkannten Hadithen und Beispiel Fällen.

Damit ihr aber auch Vertrauen zu mir als Person finden könnt, möchte ich euch in diesem Vorwort ein bisschen von mir erzählen.

Ich wurde in Deutschland geboren und bin dort aufgewachsen. Mein Vater war Einwanderer und meine Mutter Deutsche. Als Muslim mit ausländischen Wurzeln in Deutschland war es immer ein Spagat, den man im Alltag vollführen musste. Dieser Spagat war aber auch in der Heimat zu machen, weil man weder dort noch hier wirklich akzeptiert wurde. In Deutschland hieß es oft „Du bist ein Ausländer", selbst wenn man sich selbst als Deutscher identifizierte. In der Heimat war man „die Weiße". Aussagen, die junge Menschen verwirren und in eine Art Wurzelosigkeit stürzen können. Wer bin ich? Wo gehöre ich hin? Diese Identitätsfrage teilen viele andere Menschen, die in einer ähnlichen Situation aufgewachsen sind. Mit der Zeit lernt man, für sich selbst Grenzen zu setzen. Zu welchem Volk, welchem Land gehöre ich? Die Entscheidung zu treffen war nicht einfach, aber wenn man seine eigenen Werte versteht und sich fragt „In welcher Sprache denke ich?", dann wird die Antwort leichter. Ich bin Deutsche mit einem Hauch Südasien in mir.

Zur Identitätsfindung gehörte aber noch etwas anderes – meine Religion.

„Ich bin Muslim" war für mich in meiner Kindheit und Jugend eine leere Aussage. Ja, ich war Muslima. Aber das war einfach nur eine Bezeichnung. Ich fastete. Ich betete. Ich lernte den Koran zu lesen. Aber das war alles. Erst mit 17 Jahren begann ich, mir diese Religion genauer anzusehen. Was ist der Islam wirklich und passt er zu mir? Diese Auseinandersetzung mit dem Thema führte mich in eine Welt voller Wissen, Erbarmen, Nächstenliebe und Charakterarbeit. Der Islam war mehr als nur ein geschriebenes oder gesprochenes Wort. Es war Hingabe. Liebe. Selbstfindung. Eine Lebensweise.

Das Wichtigste war, Vertrauen zu einem Gott aufzubauen, der so allmächtig ist, dass es kaum vorstellbar ist. Aber wenn man dieses Vertrauen und die Akzeptanz dieser höheren Macht hat, erkennt man die wahren Wunder dieser Welt.

Ich lernte, an mir selbst zu arbeiten. Menschen zu vergeben, nicht um meiner selbst willen, sondern für Allah (der Allmächtige und Barmherzige). Menschen zu lieben, nicht um meiner selbst willen, sondern für Allah (der Allmächtige und Barmherzige). Und Abstand von denen zu nehmen, die mich von Ihm wegführten. Und wahrlich, ich habe mir vorgenommen, viele Themen im Islam niederzuschreiben, die jeden Menschen auf der Welt interessieren könnten oder dabei helfen, Fragen zu beantworten. Fragen über die Religion, die Niederwerfung, das Schicksal, diese Welt (Dunya) und die Nachwelt (Akhira).

Meine Reihe beginne ich mit einem der kleineren, aber schönen Themen dieser Religion – dem Salat-Al-Istikhara. Ich heiße jeden Menschen willkommen, sich die Erfahrungen von mir und anderen zu lesen, die sowohl im Islam als auch im Christentum oder im spirituellen Glauben beheimatet sind. Und ob ein Nichtgläubiger dazu in der Lage wäre, dass Istikhara Dua zu machen. Aber mehr dazu werdet ihr bald erfahren. InshaAllah, so Allah (der Allmächtige und Barmherzige) es will.

Was ist das Istikhara?

Das Salat-Al-Istikhara soll den Menschen dabei helfen, durch Gottes Führung (Allah, der Allmächtige und Barmherzige), die richtige Entscheidung für sich selbst zu treffen. Zum Beispiel, wenn ein neues Jobangebot ansteht und man nicht weiß, ob es richtig ist, die aktuelle Arbeit zu verlassen und das Angebot anzunehmen. Das Istikhara hilft dir, deine Entscheidung zu treffen oder auch deine bereits innerlich getroffene Entscheidung zu bestärken.

Das Istikhara wird jedoch keinen Zweck haben, wenn man bereits eine Entscheidung für sich selbst getroffen hat. Wenn du dir sowieso schon sicher bist, welchen Weg du gehen willst, dann macht das Istikhara keinen Sinn, da es in diesem Fall keine Führung gibt, die du benötigst. Menschen treffen ihre Entscheidungen selbst. Wir können Allah (der Allmächtige und Barmherzige) nur darum bitten, uns diese Entscheidungen leichter zu machen.

Viele fragen sich jetzt bestimmt: „Okay, ich habe das jetzt verstanden, aber was ist das Istikhara genau? Wie funktioniert es?" Im Prinzip kann man das Istikhara auf drei Weisen machen.

Die gängige und bekannte Version ist: Man betet vor dem Schlafen gehen zwei Rak'ah (ein Rakat ist eine Runde im islamischen Gebet, die aus einer Reihe von Bewegungen und Gebeten besteht).

Anschließend spricht man das spezielle Bitte-Gebet, in dem man Allah (der Allmächtige und Barmherzige) um Führung bittet und für die Entscheidung, bei der man unsicher ist, um Rat fragt. Z.B. könnte eine Frage so aussehen:

"Soll ich wirklich den Umzug wagen?"

"Ist er/sie der/die Richtige für mich?"

"Soll ich den Ärzten vertrauen und mich um X und Y kümmern?"

"Soll ich Nachhilfe nehmen, um meine Noten zu verbessen?"

Wichtig hier sind die direkten und klaren fragen. Fragen mit Oder, sollten vermieden werden. Allah der Allmächtige weiß es am besten.

„Vielleicht hasst du etwas, aber es ist gut für dich; und vielleicht liebst du etwas, aber es ist schlecht für dich. Und Allah weiß, während ihr es nicht wisst."
(Al Qur'an, 02:216)

Die Führung

Viele missverstehen an diesem Punkt, wie die Führung von Allah (der Allmächtige und Barmherzige) nun aussehen wird. Einige haben gehört, dass man einen Traum bekommen wird, der einem alle Antworten gibt.
Um zu erklären, ob das Istikhara sich in Form von Träumen zeigt, muss ich euch erst einmal erklären, was Träume in der islamischen Lehre genau bedeuten.

Das Träumen wird in drei Arten unterteilt, basierend auf den Hadithen (Aussagen des Propheten Muhammad, Frieden sei mit ihm):

Gute Träume (Ru'ya): Diese Träume stammen von Allah (der Allmächtige und Barmherzige) und sind ein Zeichen der Führung, des Trostes oder der guten Nachrichten. Sie sind oft klar und deutlich und haben eine spirituelle Bedeutung.

Schlechte Träume (Hulm): Diese kommen von Schaitan (dem Teufel) und können beängstigend oder verwirrend sein. Der Prophet Muhammad (Friede sei mit ihm) empfahl, sich vor solchen Träumen zu schützen, indem man Zuflucht bei Allah (der Allmächtige und Barmherzige) sucht (zum Beispiel, indem man dreimal „A'udhu billahi min ash-shaytan ir-rajim" sagt).

Träume aus dem eigenen Verstand (Ahlam): Diese entstehen durch eigene Gedanken, Sorgen oder Erfahrungen und sind oft einfach eine Reflexion des Tages oder des eigenen Lebens. Sie haben keine besondere Bedeutung aus einer religiösen Sicht.

Hadithe zu Träumen im Allgemeinen:

Hadith von Abu Huraira (möge Allah mit ihm zufrieden sein):
Der Prophet Muhammad (Friede sei mit ihm) sagte:

„Es gibt drei Arten von Träumen: Ein wahrer Traum, der von Allah (der Allmächtige und Barmherzige) kommt; ein Traum, der vom Schaitan kommt; und ein Traum, der vom eigenen Selbst kommt."
(Sahih al-Bukhari, Hadith 6999)

Hadith von Abu Huraira (möge Allah mit ihm zufrieden sein):
Der Prophet Muhammad (Friede sei mit ihm) sagte:

„Die besten Träume sind die, die direkt nach dem Fajr-Gebet gesehen werden."
(Sahih al-Bukhari, Hadith 6983)

Bedeutung von Träumen:

Hadith von Abu Qatada (möge Allah mit ihm zufrieden sein):
Der Prophet Muhammad (Friede sei mit ihm) sagte:

„Ein guter Traum ist von Allah (der Allmächtige und Barmherzige), und ein böser Traum ist von Schaitan (dem Teufel). Wenn jemand von euch einen schlechten Traum hat, dann soll er sich von der linken Seite abwenden und dreimal Zuflucht bei Allah (der Allmächtige und Barmherzige) vor dem Schaitan suchen."
 (Sahih Muslim, Hadith 2261)

Was bedeutet das für uns Menschen?

Woher wissen wir, wann wir welchen Traum hatten? Ein schlechter Traum zu unterscheiden ist noch der einfachere Teil. Aber wann sind wir von Allah (der Allmächtige und Barmherzige) Führung eingenommen worden und wann hat unser Verstand uns einen Streich gespielt? Der Unterschied liegt an der Art des Traumes.
Träume aus dem eigenen Verstand sind oft chaotisch, wirr oder starr. Man arbeitet das ab, was der Verstand nicht zur Ruhe bringen konnte.
Ein Ru'ya, ein wahrer Traum, hingegen ist ganz simpel, klar und meist mit einer direkten Botschaft verbunden. Man spürt im Traum oder beim Aufwachen die Gottesführung (von Allah, der Allmächtige und Barmherzige).

Das Salat-Al-Istikhara offenbart sich nicht immer als ein Traum oder ein Gefühl. Manchmal sind es Situationen, die plötzlich auftreten, oder Menschen, die sich einem plötzlich entfremden.

Wenn du als Beispiel ein Bittegebet um Führung bei einer Partnerwahl machst, zum Beispiel bei der Auswahl eines Ehepartners, dann kann es sein, dass sich diese Person dir plötzlich abwendet und aus deinem Leben tritt. Das war dann ein klares Zeichen, dass diese Person nicht gut für dich und deinen Weg war – sei es für die Dunya (dieses Leben) oder Akhira (das Jenseits).
Oder du bist dir unsicher, ob du wirklich die Firma verlassen sollst, in der du arbeitest. Du hast dich zwar beworben, aber hast wenig Hoffnung auf Verbesserung, und dann kommen plötzlich Jobzusagen, eine nach der anderen, in dein E-Mail-Postfach.
Oder es kann einfach das Gefühl sein, mit dem du aufwachst.

Plötzlich erscheint dir dein Problem so klein, und der Weg, den du wählen sollst, wird offensichtlich. So offensichtlich, dass du dich selbst fragst, warum du gezweifelt hast, ob dies der richtige Weg für dich ist.
Die Träume, die man nach einem Istikhara haben kann, sind nicht von der Handlung selbst geprägt, sondern von der Stimmung im Traum. War es hell? Dunkel? Regnete es? Welche Farben waren zu sehen? Welches Gefühl hattest du während des Traums?

Wieder kommen wir zu dem wichtigsten Punkt:

Das Gefühl.

Die Träume können Spielereien des Unterbewusstseins sein, sie sind nicht zwingend die Antwort, es sei denn, Allah (der Allmächtige und Barmherzige) möchte, dass du etwas siehst, um Klarheit zu bekommen.
Ich selbst gehöre zu den Menschen, die viele Träume haben, und viele davon sind Ru'ya (wahre Träume). Dennoch sind nicht die Bilder, die ich sehe, meine klare Antwort, sondern das Gefühl, das ich im Traum spüre. Wache ich danach erleichtert auf? Oder zweifelnd?
Es gibt Hadithe zum Istikhara, die ich euch vorgestellt habe. Allerdings gibt es keine Hadithe, die speziell auf Träume als Antwort hinweisen.

Hadithe zum Istikhara:

Hadith von Jabir ibn Abdullah (möge Allah mit ihm zufrieden sein):
Der Prophet Muhammad (Friede sei mit ihm) sagte:

„Wenn jemand von euch über eine Sache nachdenkt, so sollte er das Istikhara-Gebet verrichten und um Rat bitten."
(Sahih al-Bukhari, Hadith 6369)

Hadith von Jabir ibn Abdullah (möge Allah mit ihm zufrieden sein):
Jabir berichtete, dass der Prophet (Friede sei mit ihm) sagte:

„Wenn jemand eine Entscheidung zu treffen hat, dann soll er

zwei Rak'ah Gebet verrichten, nachdem er den Istikhara-Dua (das Gebet für die Führung) gemacht hat. Dann sollte er auf das Gefühl oder die Umstände achten, die sich danach ergeben, um die beste Entscheidung zu treffen."
(Sahih al-Bukhari, Hadith 6369)

Aufführend sind weitere Beispiele wofür das Istikhara genutzt werden kann.

Berufliche Entscheidungen:

Stell dir vor, jemand steht vor einer wichtigen beruflichen Entscheidung – vielleicht soll er einen neuen Job annehmen oder ein eigenes Geschäft starten. Die Unsicherheit kann ziemlich überwältigend sein, besonders wenn man sich fragt, ob man die richtige Wahl trifft. Hier kommt Istikhara ins Spiel. Indem man das Istikhara-Dua spricht, bittet man Allah (Subhanahu wa Ta'ala), einem den richtigen Weg zu zeigen. Das Gebet kann Klarheit bringen und einem helfen, zu einer Entscheidung zu kommen, die im Einklang mit Allahs Plan für einen steht. Man könnte sogar darüber nachdenken, wie eine Person nach dem Gebet eine innere Ruhe und ein gewisses Vertrauen verspürt, dass die richtige Entscheidung getroffen wurde. So kann Istikhara eine wichtige Hilfe auf dem Weg zu einer gesunden, fundierten Entscheidung sein.

Heiratsentscheidung:

Ein weiteres Beispiel könnte jemand sein, der sich unsicher ist, ob er den Antrag an eine Person stellen soll oder nicht. Vielleicht fühlt er sich in der Beziehung gut, ist sich aber unsicher, ob es die richtige Entscheidung für die Zukunft ist. Durch Istikhara bittet man Allah (Subhanahu wa Ta'ala) um Führung, um sicherzugehen, dass diese Entscheidung im Einklang mit dem göttlichen Plan steht. Vielleicht wird einem nach dem Gebet klar, dass man mit dieser Person eine glückliche und erfüllte Zukunft haben könnte, oder es kommt ein inneres Gefühl der Unsicherheit, das einem hilft, die richtige Wahl zu treffen. In jedem Fall zeigt Istikhara, wie Allah (Subhanahu wa Ta'ala) uns bei solch wichtigen Entscheidungen helfen kann.

Wohnungs- oder Umzugsentscheidung:

Manchmal kommt der Punkt, an dem man entscheiden muss, ob man umziehen soll oder in der jetzigen Wohnung bleiben möchte. Vielleicht ist die neue Wohnung viel schöner, aber auch teurer. Oder vielleicht gibt es Bedenken, was der Umzug für das Familienleben bedeutet. Hier kann das Istikhara-Dua helfen. Ein Gebet um Führung kann einem das Gefühl geben, ob der Umzug gut für die eigene Lebenssituation und Zukunft ist oder nicht. Es kann helfen, Klarheit zu finden, ob es sich lohnt, diesen Schritt zu wagen, oder ob es besser ist, an dem jetzigen Ort zu bleiben. Die Antwort von Allah (Subhanahu wa Ta'ala) kann in Form von innerer Ruhe oder äußeren Anzeichen kommen, die einem helfen, die richtige Entscheidung zu treffen.

Geschichten aus der Zeit des Propheten Muhammad
(Friede sei mit ihm)

Der Hadith von Jabir ibn Abdullah (R.A.):

Im Hadith von Jabir ibn Abdullah (R.A.) lernen wir, wie der Prophet Muhammad (Friede sei mit ihm) seinen Gefährten das Istikhara-Dua beibrachte, besonders bei wichtigen Lebensentscheidungen. Jabir sagte:

„Der Prophet (Friede sei mit ihm) lehrte uns, wie wir Istikhara beten, in allem, was wir tun, so wie er uns lehrte, einen Teil des Qurans zu rezitieren." (Sahih al-Bukhari)

Das zeigt, wie tief verwurzelt das Istikhara in der Praxis des Propheten war. Es war kein kleines Gebet, sondern ein Werkzeug, das den Gefährten des Propheten half, richtige Entscheidungen zu treffen und Führung von Allah zu suchen, wann immer sie unsicher waren.

Der Fall von Sayyiduna Umar ibn al-Khattab (R.A.):

Ein weiteres Beispiel ist Sayyiduna Umar ibn al-Khattab (R.A.), der als Kalif das Istikhara in vielen wichtigen Entscheidungen anwendete. Als einer der größten Führer der islamischen Geschichte war Umar bekannt dafür, dass er Allah (Subhanahu wa Ta'ala) in allen wichtigen Angelegenheiten suchte. Auch bei schwierigen politischen oder sozialen Entscheidungen suchte er stets die Führung durch das Istikhara. Das zeigt uns, dass selbst Menschen in hohen Positionen, die viele Verantwortung tragen, auf Allah vertrauen und um Führung bitten, wenn sie unsicher sind.

Beispiele aus der Geschichte & Gegenwart

Historische Beispiele:

Einige der bekannten Gelehrten, die möglicherweise Istikhara angewendet haben, umfassen:

Imam al-Ghazali (1058–1111): Er war ein bekannter islamischer Theologe, Philosoph und Mystiker. In seinen Werken spricht er oft über Weisheit und göttliche Führung. Es ist sehr wahrscheinlich, dass er auch Istikhara praktizierte, da es eine gängige Praxis unter den frommen Muslimen seiner Zeit war.

Imam Ibn Taymiyyah (1263–1328): Ein einflussreicher Gelehrter und Jurist in der sunnitischen Welt. Auch er sprach immer wieder von der Bedeutung der Gebete und der Bitte um Gottes Führung, was darauf hinweist, dass er Istikhara möglicherweise ebenfalls genutzt hat.

Imam an-Nawawi (1233–1277): Ein bedeutender Gelehrter des Schafi'i-Rechts, der die Bedeutung des Gebets und des Vertrauens auf Allah betonte. Auch er könnte Istikhara genutzt haben, denn diese Praxis passt gut zu seiner Lehre über den Glauben und das Vertrauen in die göttliche Führung.

Sufis und mystische Gelehrte: In der Sufi-Tradition wird das Vertrauen auf Gottes Führung stark betont. Gelehrte wie Imam al-Junayd oder Shaykh Abdul Qadir al-Jilani könnten Istikhara genutzt haben, um in schwierigen spirituellen oder praktischen Angelegenheiten Rat von Allah zu suchen.

Es ist wichtig zu wissen, dass Istikhara im Islam eine sehr

persönliche und private Praxis ist, die nicht immer öffentlich dokumentiert wird. Daher gibt es keine genauen Aufzeichnungen darüber, ob und wie diese Gelehrten Istikhara angewendet haben. Doch es ist sehr wahrscheinlich, dass sie diese Praxis kannten und sie in ihr Leben integriert haben, weil sie tief in der spirituellen Praxis des Islam verankert ist.

Erfahrungsberichte von heutigen Muslimen:

In der heutigen Zeit gibt es auch viele Muslime, die das Istikhara in ihren eigenen Leben angewendet haben. Vielleicht hat jemand vor kurzem ein Unternehmen gegründet und war unsicher, ob es das richtige Geschäftsfeld war. Nach dem Istikhara-Dua fühlte er sich zuversichtlich, den Schritt zu wagen, und fand heraus, dass der Schritt ihm in der Tat viel Erfolg brachte. Solche Berichte gibt es heute zuhauf, und sie zeigen, wie auch in der modernen Welt das Istikhara eine wertvolle Hilfe sein kann, um den richtigen Weg zu finden.

Beispiele aus dem Alltag mit islamischer Perspektive

Beispiel von einem unsicheren Kauf:

Angenommen, jemand überlegt, ein teures Produkt zu kaufen, aber ist unsicher, ob es eine gute Investition ist. Vielleicht hat er Bedenken, dass der Kauf eine finanzielle Belastung darstellen könnte. In diesem Fall könnte das Istikhara-Dua helfen, die richtige Entscheidung zu treffen. Nach dem Gebet könnte er ein klares Gefühl bekommen, dass der Kauf eine gute Entscheidung ist, oder er könnte feststellen, dass es besser ist, das Geld für etwas anderes zu sparen.

Finanzielle Entscheidungen:

Auch größere finanzielle Entscheidungen, wie das Investieren von Geld oder der Kauf eines Hauses, können mit Istikhara getroffen werden. Wenn jemand überlegt, ob er in eine Immobilie investieren soll oder ob es besser ist, das Geld zu sparen, könnte das Istikhara-Dua die Führung bieten. Vielleicht zeigt sich nach dem Gebet, dass der Kauf einer bestimmten Immobilie ein guter Schritt ist, oder man bekommt das Gefühl, dass man geduldiger sein sollte, bis sich eine bessere Gelegenheit ergibt. In jedem Fall hilft das Gebet, eine Entscheidung zu treffen, die im Einklang mit Allahs Plan für einen steht.

Durch diese verschiedenen Beispiele – ob aus dem persönlichen Alltag oder aus der Geschichte – können wir besser verstehen, wie Istikhara im Islam angewendet wird und wie es hilft, schwierige Entscheidungen zu treffen. Es zeigt uns, dass Allah (Subhanahu wa Ta'ala) in jeder Lebenslage an unserer Seite steht und uns den richtigen Weg weisen kann, wenn wir Ihn darum bitten.

Die zweite Variante des Istikhara: Nur das Dua sprechen

Die These, dass das Istikhara-Dua auch ohne die zwei Rak'ah gesprochen werden kann, wenn man zum Beispiel während der Periode ist und nicht beten kann, lässt sich gut auf die Prinzipien des Islam stützen, die auf Erleichterung und Barmherzigkeit beruhen. Auch wenn es keine direkten Hadithe gibt, die explizit das Istikhara-Dua ohne Rak'ah bestätigen, gibt es dennoch einige grundlegende Gedanken und Prinzipien, die diese Praxis untermauern.

Erleichterung im Islam (Rukhsa)

Im Islam gibt es das Prinzip der Erleichterung (Rukhsa). Das bedeutet, dass Allah (der Allmächtige und Barmherzige) den Gläubigen in schwierigen Situationen Erleichterung gewährt. Wenn jemand aufgrund von Umständen wie der Periode das Gebet nicht verrichten kann, ist es völlig okay, das Istikhara-Dua auch ohne die Rak'ah zu sprechen. Diese Erleichterung ist eine gängige Praxis im Islam, da Allah die Schwierigkeiten seiner Diener kennt und darauf Rücksicht nimmt.

Beispiel: Wenn du eine wichtige Entscheidung treffen musst, aber aus bestimmten Gründen, wie zum Beispiel der Periode, das Gebet nicht verrichten kannst, ist es vollkommen in Ordnung, das Istikhara-Dua direkt zu sprechen. Allah (der Allmächtige und Barmherzige) versteht deine Situation und ist barmherzig.

Die Bedeutung des Dua im Islam

Das Dua ist eine der wichtigsten Arten des Gebets im Islam. Es ist eine direkte Kommunikation mit Allah (der Allmächtige und Barmherzige) und kann in vielen verschiedenen Situationen als Mittel zur Unterstützung und Führung dienen – auch ohne dass ein formelles Gebet wie Salat vorausgesetzt wird. Es gibt viele Hadithe, die die Bedeutung des Dua unterstreichen, wie zum Beispiel:

Hadith von Abu Huraira (möge Allah mit ihm zufrieden sein), dass der Prophet Muhammad (Friede sei mit ihm) sagte: „Das Dua ist der wahre Gottesdienst." (Sahih Muslim)

Das bedeutet, dass das Istikhara-Dua auch ohne das Gebet eine gültige und wirksame Art ist, um Allah um Hilfe zu bitten, insbesondere wenn du in einer schwierigen oder dringenden Situation bist.

Keine strikte Anforderung für die Rak'ah im Istikhara-Dua

Klar, der übliche Weg beim Istikhara ist das Beten von zwei Rak'ah, aber die Hauptsache dabei ist, Allah (der Allmächtige und Barmherzige) um Führung zu bitten. Die Rak'ah sind eine empfohlene Handlung, aber es gibt keinen Hadith, der besagt, dass das Istikhara-Dua nur mit den zwei Rak'ah gesprochen werden kann. Die Rak'ah unterstützen das Istikhara, aber sie sind nicht zwingend erforderlich, wenn es aus bestimmten Gründen wie der Periode nicht möglich ist, das Gebet zu verrichten.

In solchen Fällen ist es vollkommen akzeptabel, das Istikhara-Dua alleine zu sprechen. Es geht immer darum, die Absicht zu haben, Allah (der Allmächtige und Barmherzige) um Führung zu bitten, und das Dua ist immer ein direktes Mittel, um das zu tun.

Meinungen von Gelehrten und praktische Beispiele

Viele Gelehrte sind sich einig, dass eine Frau, die während ihrer Periode nicht beten kann, dennoch das Istikhara-Dua sprechen darf. Auch wenn es keine Hadithe gibt, die explizit das Istikhara-Dua ohne das Gebet bestätigen, stützt sich diese Praxis auf die islamischen Prinzipien der Erleichterung und auf die allgemeine Barmherzigkeit, die Allah seinen Gläubigen zeigt. Wenn es also nicht möglich ist, das Gebet zu verrichten, ist das Dua immer noch eine akzeptierte Form des Bittgebets.

1. Imam Abu Hanifa (möge Allah ihm barmherzig sein)

Imam Abu Hanifa, der Gründer des Hanafi-Madhhab, betonte oft, dass der Islam den Gläubigen in schwierigen Situationen Erleichterung gewährt. Während der genaue Wortlaut des Istikhara-Duas im Zusammenhang mit der Periode oder Krankheit nicht explizit behandelt wird, ist bekannt, dass Imam Abu Hanifa und seine Schüler den Grundsatz der Erleichterung (Rukhsa) betonten. Dies könnte als Grundlage für die Praxis dienen, das Istikhara-Dua auch ohne die Rak'ah zu sprechen.

2. Imam Muhammad ibn al-Hasan (möge Allah ihm barmherzig sein)

Ein weiterer bedeutender Gelehrter der Hanafi-Schule, Imam Muhammad ibn al-Hasan, betonte ebenfalls die Flexibilität im Gebet und die Bedeutung von Dua (Bittgebet) im Allgemeinen. Auch wenn das Gebet der zwei Rak'ah eine empfohlene

Praxis ist, kann das Dua des Istikhara dennoch gesprochen werden, wenn jemand aufgrund von Umständen wie der Periode oder Krankheit nicht in der Lage ist, das Gebet zu verrichten.

3. Ibn Qudama (möge Allah ihm barmherzig sein)

Ibn Qudama, ein berühmter Gelehrter der Hanbali-Madhhab, schrieb in seinem Werk Al-Mughni, dass das Dua des Istikhara auch ohne das Gebet der zwei Rak'ah durchgeführt werden kann, wenn es aus bestimmten Gründen wie der Periode nicht möglich ist, das Gebet zu verrichten. Er stützte sich auf das Prinzip der Erleichterung, das im Islam weit verbreitet ist und besagte, dass in solchen Fällen das Dua ausreichend ist.

4. Al-Nawawi (möge Allah ihm barmherzig sein)

Al-Nawawi, ein prominenter Gelehrter der Schafi'i-Schule, sprach sich ebenfalls dafür aus, dass das Dua des Istikhara auch ohne das Gebet ausgeführt werden kann, wenn es aufgrund von Umständen wie der Periode nicht möglich ist, das Gebet zu verrichten. Er erklärte, dass das Istikhara-Dua nicht unbedingt an das Gebet gebunden ist, und dass das Wichtigste darin besteht, Allah (der Allmächtige und Barmherzige) um Führung zu bitten.

Ursprung im Islam: Das Istikhara

Das Istikhara ist eine der bedeutendsten und wundervollsten Praktiken im Islam, die uns in schwierigen Momenten dabei hilft, die richtige Entscheidung zu treffen. Doch wo genau kommt dieses besondere Gebet her, und wie hat es seinen Platz im Islam gefunden? Warum hat der Prophet Muhammad (Friede sei mit ihm) uns das Istikhara gelehrt, und welche Bedeutung steckt hinter dieser Praxis?

Das Istikhara geht auf den Propheten Muhammad (Friede sei mit ihm) zurück, der uns gezeigt hat, wie wir uns in schwierigen Momenten an Allah wenden können, um Führung zu erhalten. Der Prophet (Friede sei mit ihm) lehrte uns, dass es im Leben immer wieder Situationen gibt, in denen wir uns unsicher sind, welche Entscheidung wir treffen sollen – sei es im Alltag, bei wichtigen Lebensentscheidungen oder in Zeiten, in denen wir den richtigen Weg nicht erkennen können. Und genau in solchen Momenten hat Allah uns das Istikhara als Mittel gegeben, um Unterstützung zu suchen und Klarheit zu finden.

Das Istikhara zeigt uns also, wie wir in Zeiten der Unentschlossenheit und der Unsicherheit um Führung bitten können. Es erinnert uns daran, dass wir nicht allein sind und dass wir immer auf die Hilfe und Weisheit Allahs vertrauen können, um den besten Weg zu finden.

Es gibt viele Hadithe, die uns erklären, wie das Istikhara funktioniert und warum es so wichtig ist. Einer dieser Hadithe ist sehr bekannt und lautet:

„Wenn jemand von euch über eine Sache nachdenkt, dann soll er das Istikhara-Gebet verrichten und um Rat bitten."

(Sahih al-Bukhari, Hadith 6369)

Das ist mehr als nur ein Gebet – es ist eine Aufforderung, sich Allah zuzuwenden, wenn man vor einer schwierigen Entscheidung steht. Es ist ein Gebet der Hingabe und des Vertrauens, dass Allah einem die richtige Wahl zeigt.

Die dritte Option des Istikhara:
Eine kontroverse Perspektive

Das Istikhara-Dua ist eine besonders bedeutende Praxis im Islam, die nicht nur den gläubigen Muslimen vorbehalten ist. Auch Nicht-Gläubige – unabhängig davon, ob sie einer anderen Religion angehören oder keinen Glauben haben – können das Istikhara-Dua sprechen und von Allahs (Subhanahu wa Ta'ala) unendlicher Barmherzigkeit und Führung profitieren. Natürlich ist es nicht dasselbe wie für einen Muslim, der fest im Glauben an Allah steht, aber es zeigt uns, wie weitreichend Allahs Barmherzigkeit ist und wie Er bereit ist, jedem zu helfen, der aufrichtig nach Führung sucht.

Wichtig ist, dass jemand, der das Istikhara-Dua spricht, zumindest ein gewisses Bewusstsein und Vertrauen in eine höhere Macht haben muss – sei es Allah (Subhanahu wa Ta'ala) oder eine andere Form von höherem Wesen. Es geht darum, Demut zu zeigen und zu akzeptieren, dass wir nicht immer alles allein wissen oder entscheiden können. Und genau hier kommt das Istikhara ins Spiel: Es ist eine Einladung, Allah um Führung zu bitten.

Obwohl es keine direkten Hadithe gibt, die explizit sagen, dass auch Nicht-Gläubige das Istikhara-Dua sprechen können, lässt die unermessliche Barmherzigkeit Allahs und die Bedeutung des Istikhara-Duas diesen Gedanken durchaus zu. Allah (Subhanahu wa Ta'ala) führt die Gläubigen, aber auch jeder, der sich Ihm aufrichtig zuwendet, kann von Seiner Weisheit profitieren. Auch wenn es unterschiedliche Meinungen zu dieser Frage gibt, ist eines klar: Allahs Führung ist für alle da, die wirklich danach suchen.

Gelehrte sind sich einig, dass das Istikhara ein Akt des Vertrauens ist – ein Gebet, bei dem wir darauf vertrauen, dass

Allah uns zeigt, was das Beste für uns ist. Es geht nicht nur um das Sprechen des Duas, sondern auch um die Absicht dahinter. Allah (Subhanahu wa Ta'ala) wird immer aufrichtig um Hilfe Bittende annehmen, ganz gleich, aus welchem Hintergrund diese Person kommt oder wie stark ihr Glaube ist.

Das bedeutet auch, dass wir das Istikhara-Dua nicht nur als eine Praxis für Muslime sehen sollten, sondern als eine Einladung an alle, die nach Führung suchen – unabhängig von ihren religiösen Überzeugungen oder ob sie überhaupt einer Religion folgen. Dies ist ein weiteres Zeichen für die unermessliche Barmherzigkeit von Allah (Subhanahu wa Ta'ala), der niemanden ausschließt, der sich Ihm in Aufrichtigkeit zuwendet. Wenn jemand wirklich nach Führung sucht, wird er sie finden – ganz gleich, woher er kommt.

Die Idee, dass auch Nicht-Gläubige oder Menschen aus anderen Religionen das Istikhara-Dua sprechen können, ist jedoch nicht die gängige Meinung in der islamischen Gelehrsamkeit. Die Mehrheit der klassischen Gelehrten sieht das Istikhara als ein Gebet, das speziell für Muslime gedacht ist, da es in enger Verbindung mit der islamischen Praxis und Hingabe an Allah steht. Es ist ein Gebet für Führung in Lebensfragen, das tief in der muslimischen Spiritualität verankert ist.

Dennoch gibt es auch Stimmen, die sagen, dass Allahs Barmherzigkeit unendlich ist. Das bedeutet, dass auch Menschen, die nicht Muslim sind oder einer anderen Religion angehören, die Möglichkeit haben, von Allah geführt zu werden, wenn sie aufrichtig nach Wahrheit und Führung suchen und sich an Ihn wenden.

Ein paar Gelehrte, die sich zu diesem Thema geäußert haben:

Imam al-Ghazali (Rahimahullah): Der berühmte Gelehrte Imam al-Ghazali betonte immer wieder, dass Allahs Barmherzigkeit über alle Grenzen des Glaubens hinausreicht. Auch wenn er nicht direkt über Istikhara in diesem Kontext sprach, lässt sich seine Haltung zur Barmherzigkeit Allahs auf diese Frage anwenden.

Imam Ibn Taymiyyah (Rahimahullah): Auch Imam Ibn Taymiyyah sprach oft über die unermessliche Barmherzigkeit Allahs. Zwar erklärte er nicht, dass das Istikhara für Nicht-Muslime zulässig sei, jedoch betonte er, wie wichtig es ist, in schwierigen Entscheidungen zu Allah um Hilfe zu bitten.

Moderne Gelehrte: In der heutigen Zeit gibt es Gelehrte, die darauf hinweisen, dass Allahs Barmherzigkeit für alle da ist, die ernsthaft nach der Wahrheit suchen. Sie betonen, dass das Istikhara eine Form der Bitte um Führung ist, die nicht zwangsläufig den Glauben an den Islam voraussetzt – solange die Person an eine höhere Macht glaubt und sich an Allah wendet.

Gelehrte des Hanafi- und Shafi'i-Madhhab: In den klassischen Kommentaren der hanafitischen und shafi'itischen Rechtsschulen wird das Istikhara hauptsächlich für Muslime als religiöses Ritual betrachtet. Dennoch gibt es auch Gelehrte in diesen Schulen, die anerkennen, dass Allah in Seiner Barmherzigkeit auch Nicht-Muslime führen kann, wenn sie Ihn um Hilfe bitten.

Zusammengefasst lässt sich sagen, dass die Mehrheit der klassischen Gelehrten das Istikhara als ein spezifisches Gebet für Muslime sieht, dass in die Praxis des Islam eingebettet ist. Doch es gibt auch Gelehrte, die betonen, dass Allahs Barmherzigkeit weit reicht und dass jeder, der ehrlich nach Führung sucht und sich an Allah wendet, auch ohne den muslimischen Glauben von Ihm beantwortet werden könnte. Diese Ansicht ist jedoch weniger verbreitet und basiert mehr auf der allgemeinen Vorstellung von Allahs unermesslicher Barmherzigkeit und dem Akt des Gebets selbst, als auf einer direkten Zustimmung der großen islamischen Rechtsschulen.

Wie das Istikhara im Leben des Propheten (Friede sei mit ihm) eine Rolle spielte

Der Prophet Muhammad (Friede sei mit ihm) hat das Istikhara in verschiedenen Lebenssituationen angewendet und uns durch sein Beispiel gezeigt, wie wir in schwierigen Momenten auf Allahs Führung vertrauen können. Besonders in Situationen, in denen er unsicher war, welche Entscheidung die beste war, zog er sich zum Gebet zurück und bat Allah um Hilfe. Dies war eine wichtige Lehre für seine Gefährten und für uns.

Einer der bekanntesten Berichte über das Istikhara kommt von Jabir ibn Abdullah (möge Allah mit ihm zufrieden sein), einem der nahen Begleiter des Propheten (Friede sei mit ihm). Er berichtete, dass der Prophet (Friede sei mit ihm) das Istikhara genauso lehrte wie das Gebet selbst. „Der Prophet (Friede sei mit ihm) lehrte uns das Istikhara, wie er uns auch das Gebet lehrte." (Sahih al-Bukhari, Hadith 6369)

Dieser Hadith ist besonders wichtig, weil er uns zeigt, dass das Istikhara nicht nur ein Gebet ist, das wir bei bestimmten Anlässen sprechen, sondern eine Praxis, die in unser tägliches Leben integriert werden sollte, genauso wie das Gebet. Es zeigt uns, dass Allah in allem, was wir tun, Führung geben kann, solange wir uns um Seine Hilfe bemühen.

Wie das Istikhara heute im Islam praktiziert wird

Das Istikhara hat sich seit den Zeiten des Propheten (Friede sei mit ihm) nicht verändert. Es bleibt eine Quelle der Unterstützung für Muslime, die vor schwierigen Entscheidungen stehen. Im Laufe der Zeit haben Gelehrte der verschiedenen islamischen Rechtsschulen das Istikhara weiter erklärt, aber die Grundpraxis bleibt dieselbe: Es ist ein Gebet, das man verrichtet, um Allah um Hilfe und Führung zu bitten, wenn man sich in einer Situation der Unsicherheit befindet.

Dabei ist das Istikhara nicht nur ein Gebet – es ist auch eine Erinnerung daran, wie wichtig es ist, Allah in alles einzubeziehen. Egal, ob es um die Wahl eines Partners, einen Jobwechsel oder jede andere Entscheidung im Leben geht, das Istikhara hilft uns, den richtigen Weg zu finden und uns dem Willen Allahs zu unterwerfen.

Gelehrtenmeinungen zum Istikhara

Die Gelehrten der verschiedenen islamischen Rechtsschulen haben das Istikhara ebenfalls immer wieder besprochen. Sie betonen, dass es ein wichtiges Werkzeug für Muslime ist, um Allahs Führung zu suchen, vor allem in Momenten der Unsicherheit.

Im Hanafi-Madhhab ist das Istikhara ein empfohlenes Gebet, das aber nicht zwingend erforderlich ist, wenn man sich bereits sicher ist, welche Entscheidung man treffen möchte. Es wird jedoch ausdrücklich empfohlen, besonders in schwierigen und unsicheren Fällen.

Im Maliki-Madhhab wird das Istikhara ebenso als eine empfohlene Praxis betrachtet. Auch hier sehen die Gelehrten die Bitte um Allahs Führung als eine Form der Hingabe und als eine Möglichkeit, Allah um Hilfe zu bitten, wenn man sich unsicher ist.

Die Shafi'i-Madhhab-Gelehrten betrachten das Istikhara ebenfalls als sehr wichtig und betonen, dass es besonders dann empfohlen wird, wenn man sich in einer schwierigen Entscheidungssituation befindet. In dieser Rechtsschule ist das Gebet eine Möglichkeit, sich vollkommen auf Allah zu verlassen.

Auch im Hanbali-Madhhab wird das Istikhara als eine bedeutende Handlung angesehen, mit der man sich in Momenten der Unsicherheit an Allah wenden soll.

Das Istikhara ist ein Gebet, das tief im Islam verwurzelt ist. Es wurde uns vom Propheten Muhammad (Friede sei mit ihm) beigebracht und ist eine wertvolle Praxis, die in vielen Momenten des Lebens angewendet werden kann. Es ist mehr als nur ein Gebet – es ist ein Ausdruck des Vertrauens in Allah und der Anerkennung, dass wir ohne Seine Führung nichts wissen und nichts entscheiden können.

Das Istikhara erinnert uns daran, dass wir, auch wenn wir uns in schwierigen Entscheidungen befinden, niemals allein sind. Allah ist immer da, um uns zu führen, uns zu unterstützen und uns den richtigen Weg zu zeigen – solange wir uns an Ihn wenden und Ihm vertrauen. Es ist eine Praxis, die uns näher zu Allah bringt und unser Vertrauen in Seinen Plan stärkt. Und genau darum geht es: Das Istikhara hilft uns, uns im Leben nicht nur von unserem Verstand leiten zu lassen, sondern auch von der Führung, die Allah uns schenkt.

Zusammenhang zwischen Istikhara und dem Leben des Muslims

Das Leben eines Muslims ist mehr als nur das tägliche Gebet, das Fasten im Ramadan oder die Pilgerfahrt nach Mekka. Der Islam durchdringt jede Entscheidung, die wir treffen – sei es eine kleine Alltagswahl oder eine große, lebensverändernde Entscheidung. Allah (der Allmächtige und Barmherzige) ist immer bei uns und hilft uns in allen Aspekten unseres Lebens. Eine der besten Möglichkeiten, diese Unterstützung zu erfahren, ist durch das Istikhara.

Das Istikhara ist nicht nur ein Gebet für schwierige Entscheidungen, sondern eine Art, wie wir unseren Alltag mit der göttlichen Führung verbinden können. Egal, ob es um eine wichtige berufliche Entscheidung geht, eine Wahl im persönlichen Leben oder einfach nur um die Orientierung in einem Moment der Unsicherheit – das Istikhara bietet uns einen Weg, uns auf Allah zu verlassen, auch in den alltäglichsten Dingen.

Das Istikhara als ständiger Begleiter

Wir kennen diese Momente, wenn wir uns unsicher sind und nicht wissen, wie wir uns entscheiden sollen. Manchmal stehen wir vor einer Entscheidung, die unser Leben verändern könnte. Aber was tun, wenn wir uns unsicher fühlen und keine klare Antwort finden? Genau hier kommt das Istikhara ins Spiel. Es hilft uns, uns von unseren Ängsten und Unsicherheiten zu befreien und darauf zu vertrauen, dass Allah den besten Weg für uns kennt.

Das Schöne am Istikhara ist, dass es nicht nur bei den großen Entscheidungen im Leben hilft. Es ist ein Gebet, das jederzeit und überall angewendet werden kann. Egal, ob es um den neuen Job geht, den du dir überlegst anzunehmen, oder ob es um die Wahl des richtigen Partners für dein Leben geht – das Istikhara erinnert uns daran, dass wir in Allahs Händen sind. Wir müssen nur den Mut haben, Ihn um Hilfe zu bitten.

Vertrauen in Allah – Der wahre Schlüssel

Das Istikhara ist nicht einfach ein Gebet, um „den richtigen Weg" zu finden. Es ist auch ein Akt des Vertrauens. Wenn wir das Istikhara sprechen, geben wir unsere Unsicherheiten und Ängste in Allahs Obhut und sagen: „Oh Allah, Du weißt besser als ich, was für mich am besten ist." Das ist ein echter Akt der Demut und des Glaubens. Denn wir erkennen an, dass unser Verstand und unsere eigenen Überlegungen nicht immer die Antwort auf unsere Fragen haben.

Im Leben eines Muslims geht es immer darum, Allah zu vertrauen. Selbst wenn wir Entscheidungen treffen müssen, bei denen wir nicht wissen, was der beste Weg ist, erinnert uns das Istikhara daran, dass Allah uns die Weisheit geben kann, die wir brauchen. Es ist ein Zeichen des Glaubens, sich darauf zu verlassen, dass Allah immer das Beste für uns plant.

Das Istikhara im Alltag integrieren

Eine der häufigsten Fragen, die Menschen zu Istikhara stellen, lautet: „Wann sollte ich es machen?" Die Antwort ist ganz einfach: Jederzeit. Das Istikhara ist nicht nur für große Entscheidungen gedacht. Du kannst es in deinen Alltag integrieren, wenn du unsicher bist, ob du den richtigen Weg gehst. Stell dir vor, du hast ein schwieriges Gespräch vor dir, sei es im Job oder im privaten Bereich. Bevor du ins Gespräch gehst, bittest du Allah um Klarheit und Führung. Oder vielleicht stehst du vor der Wahl, ob du eine größere Anschaffung machen solltest – auch hier kannst du das Istikhara nutzen, um nach Rat zu fragen.

Das Istikhara ist nicht nur für die großen Lebensentscheidungen da – es ist eine Möglichkeit, sich jeden Tag mit Allah zu verbinden und um Hilfe zu bitten. Es ist eine ständige Erinnerung, dass Allah immer bei uns ist und uns hilft, auch in den kleineren Momenten unseres Lebens. Wenn wir uns in solchen Momenten an Allah wenden, stärken wir unsere Beziehung zu Ihm und machen uns bewusst, dass wir nicht allein sind.

Das Vertrauen auf Allah und Geduld

Ein weiterer wichtiger Aspekt des Istikhara ist die Geduld. Manchmal bekommen wir nicht sofort die Antwort, die wir erwarten. Und das ist vollkommen in Ordnung. Geduld ist ein grundlegendes Prinzip im Islam. Wenn Allah uns nicht sofort eine Antwort gibt, dann müssen wir darauf vertrauen, dass der richtige Moment kommen wird. Das Istikhara hilft uns, in dieser Geduld zu bleiben, indem es uns immer wieder daran erinnert, dass Allah in Seiner Weisheit weiß, was für uns am besten ist.

Der Prophet Muhammad (Friede sei mit ihm) sagte einmal: „Wenn Allah dir etwas Bestimmtes nicht gewährt, dann weiß, dass es in deinem besten Interesse ist." Dies ist eine wertvolle Erinnerung, wenn wir das Istikhara verrichten und keine sofortige Antwort erhalten. Vielleicht ist die Antwort noch nicht da, weil es noch nicht der richtige Zeitpunkt ist oder weil Allah uns vor etwas bewahren möchte, das nicht gut für uns ist. Geduld in dieser Zeit zu üben, ist genauso wichtig wie das Gebet selbst.

Das Istikhara ist weit mehr als nur ein Gebet für die großen Entscheidungen des Lebens. Es ist eine tägliche Praxis, die uns hilft, uns immer wieder an Allah zu wenden und zu erkennen, dass wir Ihn brauchen – nicht nur bei den großen Momenten, sondern auch bei den kleinen. Es ist ein Weg, uns mit Allah zu verbinden, Vertrauen zu fassen und unsere Entscheidungen in Seine Hände zu legen.

Das Leben eines Muslims ist ein stetiger Prozess des Lernens, Wachsens und Vertrauens. Das Istikhara erinnert uns daran, dass wir nicht alleine sind, dass Allah immer mit uns ist und uns den besten Weg zeigt. Egal, was du in deinem Leben entscheidest, erinnere dich immer daran, dass Allah dich führt, wenn du Ihn darum bittest.

Die wahre Bedeutung des Istikhara: Sich aufrichtig an Allah wenden und um Hilfe bitten

„Oh Allah, ich bitte Dich um Führung und Klarheit in dieser Entscheidung. Leite mich auf den richtigen Weg und hilf mir, die beste Entscheidung zu treffen, die mir und meiner Zukunft zugutekommt." Du kannst dies in deinen eigenen Worten formulieren, aber der Kern bleibt immer, dass du die Hilfe und Führung von Allah suchst.

Was tun, wenn du nicht sicher bist, ob deine Bitte angenommen wird?

Vielleicht fragst du dich: „Was, wenn ich keine sofortige Antwort bekomme?" Das ist völlig normal. Das Istikhara bedeutet nicht, dass du sofort eine klare Antwort in Form eines Traums oder eines klaren Gefühls bekommst. Manchmal kommt die Antwort in Form von Ereignissen, die sich im Laufe der Zeit entfalten. Vielleicht tritt eine Gelegenheit auf oder eine Person tritt aus deinem Leben, die dir eine wichtige Erkenntnis über die Situation gibt.

Wie auch immer die Antwort kommt – sei es in Form von Klarheit, innerer Ruhe oder äußeren Ereignissen – vertraue darauf, dass Allah dir den richtigen Weg zeigt. Du musst dich nicht stressen, wenn die Antwort nicht sofort kommt. Das Istikhara ist ein kontinuierlicher Prozess des Vertrauens in Allah und das Abwarten auf die richtige Führung.

Die Durchführung von Istikhara

Das Istikhara ist ein sehr spezielles und spirituelles Gebet, das aus zwei wesentlichen Teilen besteht. Diese zwei Teile helfen uns, auf Allah (Subhanahu wa Ta'ala) zu vertrauen und Ihn um Führung zu bitten, wenn wir vor einer Entscheidung stehen, die uns unsicher macht oder die wir alleine nicht treffen können. Es ist mehr als nur ein Gebet; es ist ein Moment der Übergabe und des Vertrauens.

1. Das Gebet von zwei Rak'ah

Der erste Teil des Istikhara ist das Gebet von zwei Rak'ah. Du beginnst also mit zwei freiwilligen Rak'ah, genauso wie bei einem normalen Gebet. Aber es gibt einen großen Unterschied: Diese zwei Rak'ah sind speziell für Istikhara, sie sind nicht Teil des täglichen Gebets. Während des Gebets ist es wichtig, dass du voll fokussiert bist. Achte darauf, dass du nicht nur körperlich anwesend bist, sondern auch geistig und emotional. Dies ist der Moment, in dem du deine Entscheidung vollständig in die Hände Allahs (Subhanahu wa Ta'ala) legst.

Diese Rak'ah sind gewissermaßen eine Vorbereitung für das eigentliche Bittgebet, das Du gleich sprechen wirst. Sie helfen dir, dich zu beruhigen und in einen Zustand der Achtsamkeit zu kommen, damit dein Herz und deine Gedanken bereit sind, sich ganz auf die Führung von Allah (Subhanahu wa Ta'ala) einzulassen. Du zeigst damit deine Hingabe und deinen Wunsch, die bestmögliche Entscheidung zu treffen, aber immer mit der Gewissheit, dass du nicht alles alleine wissen oder entscheiden kannst – es ist der Moment des Loslassens und des Vertrauens.

2. Das Istikhara-Dua

Nachdem du die zwei Rak'ah beendet hast, sprichst du das Istikhara-Dua. Dieses Gebet ist einfach, aber unglaublich mächtig. Es wurde uns vom Propheten Muhammad (Friede sei mit ihm) überliefert, und es ist eine direkte Bitte an Allah (Subhanahu wa Ta'ala), uns zu führen. Du kannst das Dua auf Arabisch beten, genauso wie es im Hadith überliefert ist, oder, wenn du es bevorzugst, auch in deiner eigenen Sprache – das Wichtige ist, dass du mit einem offenen Herzen und dem festen Vertrauen betest.

Das Dua lautet:

اللَّهُمَّ إِلَى اسْتَخِيرُكَ بِعِلْمِكَ ، وَاسْتَقْدِرُكَ بِقُدْرَتِكَ ، وَاسْتَلْكَ مِنْ فَضْلِكَ الْعَظِيمِ، فَإِنَّكَ تَقْدِرُ وَلَا أَقْدِرُ ، وَتَعْلَمُ وَلَا أَعْلَمُ ، وَأَنْتَ عَلَامُ الْغُيُوبِ، اللهُمَّ إِن كُنتَ تَعْلَمُ أَنَّ هَذَا الْأَمْرَ خَيْرُ لِ فِي دِينِي وَمَعَاشِي وَعَاقِبَةِ أَمْرِي ، فَاقْدُرُهُ لِي وَلَيَسَرُهُ ل ثمَّ بَارِك لِي فِيهِ، وَإِنْ كُنْتَ تَعْلَمُ آنَّ هَذَا الْأمِر شَرُّ لِي فِي دِينِي وَمَعَاشِى وَعَاقِبَة أَمْرِي ، فَاصْرِفُهُ عَنِى وَاصْرِفْنِي عَنْهُ وَاقْدُرُ لِيَ الْخَيْرَ حَيْثُ كَانَ ثُمَّ أَرْضِنِي بِهِ ،

Übersetzung Englisch:

„O Allah! I seek Your guidance through Your knowledge, and I seek ability through Your power, and I ask You from Your immense favor. Surely, You are capable, and I am not, and You know, and I do not, and You are the Knower of the unseen.

O Allah! If You know that this matter (name it here) is good for me regarding my religion, my livelihood, and the outcome of my affairs, or said, in this world and the Hereafter, then ordain it for me, make it easy for me, and bless me with it.

But if You know that this matter is harmful to me regarding my religion, my livelihood, and the outcome of my affairs, or said, in this world and the Hereafter, then turn it away from me, and turn me away from it, and ordain for me the good wherever it may be and make me content with it."

Übersetzung Deutsch:

„O Allah (Subhanahu wa Ta'ala), ich bitte Dich um das Beste aus Deinem Wissen, aus Deiner Macht und aus Deinem großen Segen. Du bist der Einzige, der alles weiß, und ich weiß nichts. Du bist der Allmächtige und der Allwissende. O Allah (Subhanahu wa Ta'ala), wenn Du weißt, dass diese Entscheidung gut für mich ist, dann mache sie mir leicht und segne sie für mich. Und wenn Du weißt, dass sie schlecht für mich ist, dann wende sie von mir ab und wende mich von ihr ab."

Wenn du dieses Dua sprichst, ist es ein Moment der völligen Hingabe. Du bittest Allah (Subhanahu wa Ta'ala) nicht nur um Hilfe bei deiner Entscheidung, sondern auch um eine tiefere Führung. Du akzeptierst, dass du selbst nicht immer alles überblicken kannst und bittest Ihn um Klarheit und Weisheit, um das Beste zu wählen.

Wichtiger Aspekt: Mit Vertrauen beten

Das Wichtigste bei diesem Dua ist, dass du es mit einem offenen Herzen sprichst und mit vollem Vertrauen in Allahs (Subhanahu wa Ta'ala) Macht. Es ist nicht nur das Aussprechen der Worte – es geht um die Einstellung deines Herzens. Du zeigst Allah (Subhanahu wa Ta'ala), dass du Ihm dein Vertrauen schenkst. Wenn du das Dua sprichst, gibst du deine Sorgen und Unsicherheiten ab. Du bist bereit, den Plan Allahs (Subhanahu wa Ta'ala) zu akzeptieren, auch wenn dieser Plan vielleicht nicht sofort verständlich für dich ist. Du vertraust darauf, dass Allah (Subhanahu wa Ta'ala) immer das Beste für dich weiß und dass Seine Entscheidung immer die richtige ist, selbst wenn sie nicht das ist, was du dir ursprünglich gewünscht hast.

4. Wichtig: Die Niyya (Absicht)

Einer der wichtigsten Aspekte des Istikhara ist die Niyya, also die Absicht. Der Akt des Istikhara ist mehr als nur das Aussprechen eines Gebets – es geht um die klare, aufrichtige Absicht hinter dem Gebet. Wenn du das Istikhara verrichtest, musst du genau wissen, worum du bittest. Es ist eine bewusste Entscheidung, Allah (Subhanahu wa Ta'ala) um Hilfe zu bitten, und es ist ein Zeichen deines tiefen Glaubens.

Es geht darum, eine Absicht zu haben, die mit deinem inneren Wunsch im Einklang steht. Vielleicht stehst du vor einer wichtigen Entscheidung im Leben – sei es eine neue Arbeitsstelle, eine Heirat oder ein Umzug. Die Absicht, die du dabei in deinem Herzen trägst, muss rein und klar sein. Du bittest nicht einfach nur um eine Entscheidung, sondern darum, dass Allah (Subhanahu wa Ta'ala) dir das Beste für dein Leben zeigt. Du zeigst in deiner Absicht, dass du das Beste für dich suchst, aber gleichzeitig auch bereit bist, den Plan Allahs (Subhanahu wa Ta'ala) zu akzeptieren, auch wenn er anders ausfällt, als du es dir erhofft hast.

Die Niyya ist nicht nur eine äußere Handlung, sie ist ein innerer Zustand. Es ist eine Haltung des Vertrauens und der Bereitschaft, Allahs (Subhanahu wa Ta'ala) Plan zu folgen. Deine Absicht zeigt Allah (Subhanahu wa Ta'ala), dass du Ihm vollkommen vertraust und dass du das Beste für dich suchst. Es ist ein Moment der vollständigen Hingabe, der das Vertrauen in Allah (Subhanahu wa Ta'ala) als deinen Führer in allen Lebenslagen widerspiegelt.

Hadith über die Bedeutung des Gebets nach dem Istikhara:

Narrated by Abdullah ibn Mas'ud (möge Allah mit ihm zufrieden sein): „Der Prophet (Friede sei mit ihm) sagte: ‚Wenn du ein Gebet um Entscheidung machst (Istikhara), dann vertraue darauf, dass Allah deine Entscheidung lenkt und ihn um das Beste für dich bittest.'" (Sahih Muslim)

6. Du'a als Stärkung der Entscheidung

Es ist auch wichtig zu wissen, dass das Istikhara nicht nur dazu dient, eine Entscheidung zu treffen, sondern auch dazu, unsere Herzen zu stärken. Manchmal haben wir schon eine Entscheidung in unserem Herzen, aber wir brauchen die Bestätigung von Allah. Das Istikhara kann dabei helfen, uns in unserer Wahl zu bestärken, sodass wir mit einem klaren und friedlichen Herzen weitermachen können, ohne ständig an der Entscheidung zu zweifeln.

7. Zusammenfassung und Vertrauen auf Allah

Zusammenfassend lässt sich sagen, dass das Istikhara nicht an äußere Umstände gebunden ist. Ob du nun in der Lage bist, das Gebet im traditionellen Sinne zu verrichten oder nicht, Allah (der Allmächtige und Barmherzige) weiß, was in deinem Herzen ist. Du kannst das Istikhara auch ohne das formelle Gebet durchführen, solange deine Absicht aufrichtig ist. Allah wird dir die Führung und Klarheit schenken, die du brauchst – sei es durch Träume, innere Ruhe oder äußere Ereignisse, die sich in deinem Leben manifestieren.

In Situationen, in denen das Gebet nicht möglich ist, ist Du'a eine ausgezeichnete Alternative, um deine Bitten an Allah zu richten. Allah sieht deine Bemühungen und wird dich auf dem besten Weg führen, der dir am meisten zugutekommt, sowohl in dieser Welt als auch im Jenseits.

Vertraue darauf, dass der Weg, den Allah für dich bestimmt hat, immer der beste für dich ist.

Hadith über das Vertrauen in Allah nach dem Istikhara:

Narrated by Abu Huraira (möge Allah mit ihm zufrieden sein): „Der Prophet (Friede sei mit ihm) sagte: ,Der Gläubige, der sich in einer schwierigen Lage befindet, soll sich Allah anvertrauen und sagen: „O Allah, wenn diese Angelegenheit gut für mich ist, dann öffne mir die Tür, aber wenn sie schlecht für mich ist, dann entferne sie aus meinem Leben."," (Sahih Muslim)

Narrated by Aisha (möge Allah mit ihr zufrieden sein): „Der Prophet (Friede sei mit ihm) sagte: ‚Allah antwortet auf das Istikhara, aber nicht immer so, wie du es erwartest. Manchmal gibt er dir ein klares Zeichen in Form von innerem Frieden, und manchmal öffnet er Türen, die du vorher nicht gesehen hast.'" (Sahih al-Bukhari)

Alles in einem betrachtet benötigt man für das Istikhara nur zwei Dinge:

Die eigene Niya (die Persönliche Absicht)

Das Vertrauen in Allah und seinen wegen dir eine Antwort zu zeigen.

Erfahrungen mit Istikhara:
Ein Blick auf die Vielfalt der Erlebnisse

Wie zu Beginn des Buches erwähnt, habe ich das Istikhara selbst häufig in Anspruch genommen. In diesem Zusammenhang habe ich mich auf eine Art Erkundungstour begeben, um die Erfahrungen und Erkenntnisse vieler Menschen zu diesem Thema zu sammeln. Mein Ziel war es, die verschiedenen Perspektiven und Erlebnisse hinsichtlich der Wirkung des Istikhara zu verstehen und sie hier so authentisch wie möglich darzulegen. Dabei wurde mir immer klarer, wie individuell und tiefgründig die Auswirkungen dieser Gebetsbitte sein können. Jeder Mensch erlebt sie auf seine eigene Weise, und das macht das Istikhara zu einer so besonderen und kraftvollen Praxis.

Da das Istikhara eine äußerst private Angelegenheit ist, die im Wesentlichen zwischen dem Individuum und dem Allmächtigen steht, werde ich in den folgenden Erzählungen keine Namen nennen. Dennoch habe ich zu jeder Person einen Bezug, sei es als naher Kontakt oder als Freund. Was mir jedoch besonders wichtig ist, ist die Authentizität der Aussagen. Ich möchte sie in ihrer ungeschönten Form wiedergeben, so wie sie mir anvertraut wurden, um die wahre Wirkung und Bedeutung des Istikhara widerzuspiegeln.

Steckbrief:

Geschlecht: Männlich

Alter: 42 Jahre Alt

Konfession: Islam

Praktizierend: Regelmäßig

Geburtsland: Syrien

Aktueller Wohnort: Deutschland

Anwedung von Istikhara: Vor vielen Jahren

Ergebnis:

Ich hatte immer ein Gefühl, wenn ich das Istikhara gemacht habe. Nie wirklich einen Traum oder etwas, was mich direkt in eine bestimmte Richtung gewiesen hätte. Für mich zeigte sich das Istikhara immer durch dieses Gefühl – manchmal war es ein ganz ruhiges, sicheres Gefühl, manchmal aber auch ein leichtes Unbehagen, das mir signalisierte, dass ich vielleicht etwas überdenken sollte. Aber im Endeffekt kam es immer auf die eigene Niyat an, auf die Absicht, mit der man das Gebet spricht.

Das ist eigentlich alles, was ich darüber sagen kann. Ich habe es schon lange nicht mehr gemacht. Es hat mir geholfen, als ich es gebraucht habe, aber inzwischen ist es für mich nicht mehr so präsent. Vielleicht liegt es daran, dass ich das Gefühl habe, dass alles, was man für eine Entscheidung braucht, in einem selbst liegt – das Istikhara ist da nur ein zusätzlicher Schritt, der einem hilft, sich zu orientieren, aber nicht mehr als das. Es ist, als ob man einfach mit sich selbst ins Reine kommen muss, um die richtige Entscheidung zu treffen. Vielleicht ist es einfach nicht mehr so wichtig für mich, wie es früher mal war."

Diese Version vermittelt ein stärkeres Gefühl von Desinteresse und Distanz zur Praxis, während sie gleichzeitig die Anerkennung des Istikhara und der eigenen Intuition beibehält.

Steckbrief:

Geschlecht: Männlich

Alter: 28 Jahre Alt

Konfession: Islam

Praktizierend: Regelmäßig

Geburtsland: Syrien

Aktueller Wohnort: Deutschland

Anwendung von Istikhara: Oft. Für Kleine und Große Entscheidungen

Ergebnis:

Meine Erfahrungen mit Istikhara sind durchweg sehr positiv. Es ist wichtig zu verstehen und zu akzeptieren, dass man nicht immer eine direkte oder klare Antwort erhält. Nicht jeder bekommt die Antwort in einer eindeutig verständlichen Form. Vielmehr richtet sich meine Orientierung nach dem Gefühl, das ich dabei habe. Träume können in diesem Zusammenhang manchmal verwirrend sein und sogar das Gegenteil von dem zeigen, was ich nach dem Aufwachen tatsächlich empfinde. Ich habe das Istikhara Gebet schon immer in meinem Leben angewendet, und mein Vertrauen in Allah ist sehr groß. Deshalb vertraue ich auch auf das, was mir durch das Gebet gegeben wird – das Gefühl, das in mir aufkommt.

Ein konkretes Beispiel: Ich habe das Istikhara Gebet gemacht und anschließend einen sehr brutalen, furchteinflößenden

Traum gehabt. Doch als ich aufwachte, war mein Gefühl ein vollkommen positives. Viele Menschen würden nach einem solchen Traum sagen, dass es ein schlechtes Zeichen für mich gewesen sei, doch ich bin der Meinung, dass es genau das Gegenteil war. Das Gefühl, das ich in mir trug, stärkte meine Entscheidung vielmehr. Am darauffolgenden Abend hatte ich wieder einen Traum, der dann sogar sehr positiv war. Dies hat mir gezeigt, dass Istikhara sich nicht immer in Form von Träumen manifestiert. Vielmehr muss man auf das Vertrauen in das Gefühl achten, das einem in dieser Zeit begegnet.

Ein weiterer Punkt, den ich aus meinen Erfahrungen ziehen kann, ist, dass es oft Wege gab, die sich plötzlich versperrten. Es gab Situationen, in denen ich mir absolut sicher war, dass der eingeschlagene Weg der richtige für mich war – doch Allah hat mir diesen Weg auf einmal versperrt. Trotz meiner Überzeugung, dass es der richtige Schritt war, konnte ich nichts tun, um den verschlossenen Weg zu öffnen. Und auch das gehört zum Istikhara: Manchmal zeigt sich die Antwort nicht in einer klaren Entscheidung, sondern in den Blockaden und Hindernissen, die uns begegnen.

Gefühle und Situationen – das sind die Dinge, auf die man achten sollte, nachdem man das Istikhara Gebet gemacht hat. Es geht nicht immer um klare Antworten oder offensichtliche Zeichen, sondern darum, das Vertrauen in den eigenen inneren Frieden und die Richtung zu finden, die sich durch Allahs Führung zeigt."

Steckbrief:

Geschlecht: Männlich

Alter: 32 Jahre Alt

Konfession: Islam

Praktizierend: unregelmäßig

Geburtsland: Deutschland

Aktueller Wohnort: Deutschland

Anwendung von Istikhara: Ein paar Mal

Ergebnis:

Istikhara hat mir in meinem Leben schon bei vielen wichtigen Entscheidungen geholfen. Eine der bedeutendsten war kürzlich eine lebensverändernde Entscheidung: der Wechsel meines Arbeitgebers. Es ist nun etwas mehr als ein Monat her, und ich habe das Istikhara gemacht, um herauszufinden, ob dieser neue Weg der richtige für mich ist.

Als ich aufwachte, hatte ich zunächst kein wirkliches Gefühl. Ich hatte auch keinen Traum, der mir eine klare Antwort gegeben hätte. Doch was danach passierte, war unerwartet und zugleich sehr aussagekräftig: Innerhalb eines einzigen Tages, nachdem ich das Istikhara Gebet gemacht hatte, erreichten mich Zusagen und positive Rückmeldungen aus allen Richtungen. Ich bekam Angebote und Bestätigungen, die mir zeigten, dass ich auf dem richtigen Weg war.

In diesem Moment wusste ich, dass meine Entscheidung die

richtige war. Mit so viel positiver Resonanz auf einmal hatte ich nicht gerechnet. Diese Welle von Bestätigung war für mich ein klares Zeichen, dass ich den richtigen Schritt gemacht hatte und dass ich diesem Weg folgen sollte."

Steckbrief:

Geschlecht: Weiblich

Alter: 33 Jahre Alt

Konfession: Islam

Praktizierend: Regelmäßig

Geburtsland: Deutschland

Aktueller Wohnort: Deutschland

Anwendung von Istikhara: Bei Wichtigen Entscheiungen

Ergebnis:

Natürlich! Ich habe das Istikhara vor einigen Jahren für mich entdeckt und begann, es nach ein paar Versuchen auch regelmäßig anzuwenden. Bis zu meinem 26. Lebensjahr hatte ich noch nichts davon gehört, da ich zu diesem Zeitpunkt noch nicht so islamisch gebildet war, wie ich es ab diesem Alter wurde. Es war eine Zeit, in der ich begonnen habe, mich intensiver mit meinem Glauben auseinanderzusetzen und nach einer tieferen spirituellen Verbindung zu suchen.

Mein erster Istikhara betraf eine Frage bezüglich eines Partners. War dieser Mann wirklich der Richtige für mich, sowohl in dieser Welt (Dunya) als auch im Jenseits (Akhira)? Die Antwort, die ich erhielt, kam in Form eines Traums. In diesem Traum war die Person, von der ich dachte, dass sie der Richtige für mich sei, in einem goldenen Ei eingesperrt, und ich konnte das Ei nicht öffnen. Als ich aufwachte, fühlte ich eine tiefe Traurigkeit und ein schlechtes Gefühl in mir. In diesem Moment wusste ich, dass, auch wenn ich selbst noch an dieser Beziehung festhalten wollte, Allah (Der Allmächtige, der Erhabene) mir einen anderen Weg für mein Leben vorgesehen hatte. Wie es kommen musste, entfremdete ich mich im Laufe der Zeit von dieser Person, und rückblickend war das auf lange Sicht gesehen eine positive Wendung. Diese Erfahrung lehrte mich, dass das Istikhara mir dabei hilft, die richtigen Entscheidungen zu treffen, auch wenn sie zunächst schmerzhaft erscheinen.

Seitdem habe ich das Istikhara für jede wichtige und schwierige Entscheidung in meinem Leben genutzt. Ein weiteres Mal, als ich das Gebet anwendete, zeigte sich die Antwort wieder in einem Traum. In diesem Traum kam der Prophet Muhammad (s.a.w.) zu mir, und er war überglücklich. Auch ich erwachte mit Freude im Herzen und wusste in diesem Moment, dass ich meinem Gefühl vertrauen konnte. Um sicherzustellen, dass ich wirklich den Propheten gesehen hatte, ließ ich mir bestätigen, dass es in der Tat so war, da ein Hadith besagt, dass der Prophet Muhammad (s.a.w.) in einem Traum nur in seiner wahren Erscheinung erscheint.

Es war nicht das erste Mal, dass der Prophet Muhammad (s.a.w.) mir im Traum erschien und mit mir sprach. Für mich ist daher klar, dass Allah (Der Allmächtige, der Erhabene) sich meiner erbarmt, besonders bei schwierigen Entscheidungen, und mir genau das schickt, was ich brauche, um den richtigen Weg zu finden. Das Istikhara zeigt sich für mich zu etwa 50 % immer in Form von Träumen dieser Art. Die anderen 50 % zeigen sich durch Träume, die ich anhand der Stimmung, der Wetterlage und der Farben deute, aber vor allem verlasse ich mich auf das Gefühl, das ich nach dem Aufwachen in meinem Herzen trage.

Eine weitere Situation, die ich hatte, war, als ich überlegte, mich von einer Beziehung zu trennen. Ich wollte auf keinen

Fall einen falschen Weg gehen und war sehr verunsichert. Also betete ich, machte Dua und schließlich auch Istikhara. Mein Vertrauen zu Allah (Der Allmächtige, der Erhabene) ist für mich etwas sehr Kostbares. Er ist derjenige, zu dem ich gehe, wenn ich Probleme habe. Er ist derjenige, der immer für mich da ist. Er ist derjenige, der mich führt, und so setzten die Träume ein.

Mein Leben ist ohnehin geprägt von sehr intensiven und wahren Träumen. Der Traum, den ich nach meinem Istikhara bekam, ließ keinen Raum für Zweifel in meiner Entscheidung und bekräftigte mich in meinem Tun. Dieser sehr private Traum, dessen Inhalt ich nicht wiedergeben möchte, ist für mich von unschätzbarem Wert und äußerst kostbar. Nicht jedes Herz ist dazu bestimmt, diese Geschichte zu hören, und ich bewahre sie in meinem Inneren. Ich kann nur sagen, dass mir der Prophet Muhammad (s.a.w.) geholfen hat, und für diese Erkenntnis bin ich Allah (Der Allmächtige, der Erhabene) sehr dankbar.

Ich empfehle jedem, Istikhara auszuprobieren und darauf zu vertrauen, dass Allah (Der Allmächtige, der Erhabene) ihnen den richtigen Weg weist. Kommt es nicht am Ende von allem genau darauf an, Ihn zu finden?"

Steckbrief:

Geschlecht: Weiblich

Konfession: Islam

Praktizierend: Ja

Geburtsland: Deutschlnd

Aktueller Wohnort: Deutschland

Anwedung von Istikhara: Einmal

Ergebnis: Ich bin Christ, aber habe keinen wirklichen Bezug zur Religion. Ich spüre zwar, dass es eine höhere Macht gibt, aber ich kann sie bisher nicht wirklich benennen. Religion fühlt sich für mich eher einschränkend an. Durch meine Freundin habe ich von Istikhara gehört. Sie erzählte mir immer wieder, dass sie dafür gebetet hatte, und ich wurde neugierig. Ich stellte viele Fragen und eine davon war: „Kann ich das auch machen?" Reicht es, wenn ich einfach akzeptiere, dass es diese höhere Macht gibt? Und was werde ich dabei erleben?

Was mich letztlich dazu bewegt hat, dieses Dua auszuprobieren, waren vor allem die Erzählungen, die ich von meiner Freundin hörte. Sie ist jemand, dem ich vertraue und den ich sehr schätze. Sie sprach so offen und ehrlich über ihre Erfahrungen mit Istikhara, dass es in mir eine gewisse Neugier und auch eine Art inneres Verlangen weckte, es selbst zu versuchen. Ihre Erzählungen waren nicht dramatisch, sondern eher ruhig und voller Vertrauen in den Prozess. Und das hat mich angesprochen. Vielleicht liegt der Schlüssel ja wirklich in dieser Suche nach Klarheit und dem Vertrauen, dass man durch das Gebet und die Verbindung zu dieser höheren Macht eine Antwort erhalten kann – auf eine Art, die man nicht immer sofort versteht, aber die einem am Ende den richtigen Weg zeigt.

Ich bin jemand, der sich nie an seine Träume erinnert, deshalb war ich ziemlich gespannt. Ich hatte schon länger eine ernsthafte Frage, die mich beschäftigte, und musste noch einiges über das Thema lernen. Schließlich zeigte sie mir das Istikhara-Gebet, und in den Tagen danach hatte ich einen Traum. Ich ging alles mit ihr durch, aber ich kann immer noch nicht genau sagen, was ich über das, was ich gesehen und gespürt habe, denke. Es ist noch viel zu verarbeiten, aber zwei Dinge stehen für mich fest:

Ich möchte es wieder machen!

Ich will mehr über diese Themen erfahren.

Im Großen und Ganzen fühle ich, dass ich wohl auf dem richtigen Weg bin, und ich bin gespannt, wohin er mich führen wird. Es ist, als ob ich durch das Istikhara einen ersten Schritt in eine neue Richtung gemacht habe, ohne genau zu wissen, wohin der Weg mich führen wird. Aber ich vertraue darauf, dass es der richtige Schritt war, und bin gespannt auf alles, was noch kommen mag.

Ich bin auch sehr gespannt auf dieses Buch, das mir mehr Klarheit über den gesamten Prozess bringen soll. Ich hoffe, dass es mir nicht nur hilft, die Bedeutung von Istikhara noch besser zu verstehen, sondern auch eine tiefere Perspektive auf die spirituelle Praxis eröffnet. Es könnte mir die Möglichkeit geben, noch mehr über mich selbst und den Weg, den ich gerade gehe, zu erfahren. Vielleicht gibt es mehr zu entdecken, als ich bisher dachte – und das Buch könnte der Schlüssel dazu sein. Ich bin neugierig, wie sich meine Sichtweise und mein Verständnis weiterentwickeln werden, während ich mich weiter mit dieser Thematik beschäftige.

Steckbrief:

Geschlecht: Männlich

Konfession: Islam

Praktizierend: Ja

Geburtsland:

Aktueller Wohnort: Deutschland

Anwendung von Istikhara: Bisher nicht

Ergebnis:

Eine Bekannte fragte mich einmal, ob ich Istikhara kenne, und meine Antwort war ehrlich: Ja und Nein. Ich hatte davon gehört, aber es nie wirklich umgesetzt. Ich wusste grob, was es ist und was es bewirken soll, aber zu der Zeit hatte ich einfach kein wirkliches Interesse, tiefer danach zu fragen. Es war nicht so, dass ich es abgelehnt habe, sondern eher, dass es mir einfach nicht wichtig genug war, mich näher damit zu beschäftigen.

Bis heute habe ich das Istikhara-Gebet nicht wirklich durch-gezogen. Ich habe immer mal wieder darüber nachgedacht, aber der innere Drang, es tatsächlich anzuwenden, war bisher nicht da. Ich dachte, ich könnte meine Entscheidungen auch ohne dieses Gebet treffen, und es hat sich einfach nie wie der richtige Zeitpunkt angefühlt. Doch ich habe die Idee nie ganz aufgegeben. Jetzt, da ich das fertige Buch lesen werde, hoffe ich, dass es mich vielleicht inspiriert. Ich denke, dass ich vielleicht etwas lernen werde. Vielen Dank für diese Einsicht.

Steckbrief:

Geschlecht: Weiblich

Alter: 26 Jahre Alt

Konfession: Islam

Praktizierend: Regelmäßig

Geburtsland: England

Aktueller Wohnort: England

Anwendung von Istikhara: Selten

Ergebnis:

Als ich ein Teenager war, habe ich Istikhara einige Male ausprobiert, aber ich folgte einer unauthentischen Methode, die in einigen nichtwissenschaftlichen Büchern beschrieben wurde. Es gab spezifische Rituale, aber jedes Mal, als ich es versuchte, konnte ich nicht schlafen und es passierte nichts.

Heute bin ich reifer und habe Istikhara noch einige Male gemacht. Es ist nichts anderes als das Bitten um göttliche Hilfe oder Führung. Ich betete 2 Rak'ah wie ein Nafl-Gebet, aufrichtig und mit Hingabe, und fragte um Hilfe in meiner Muttersprache. Diesmal wurde meine Bitte erhört.

Ich war verwirrt über eine wichtige Entscheidung bezüglich meiner Bildung. Nachdem ich Istikhara gemacht hatte, fühlte ich mich plötzlich vollkommen ruhig und traf die Entscheidung ohne Zweifel. Ich war erstaunt, wie einfach es war, nachdem ich so lange unsicher war.

Steckbrief:

Geschlecht: Weiblich

Alter: 62 Jahre Alt

Konfession: Islam

Praktizierend: Unregelmäßig

Geburtsland: Türkei

Aktueller Wohnort: Deutschland

Anwendung von Istikhara: Früher

Ergebnis:

In meinem Leben habe ich das Istikhara-Gebet immer wieder gemacht – besonders in Phasen, in denen ich vor großen Entscheidungen stand und selbst nicht mehr weiterwusste. Ich habe mich bemüht, innerlich ruhig zu werden, die richtige Absicht zu fassen und auf ein Zeichen, ein Gefühl oder eine Richtung zu warten. Doch so oft blieb genau das aus. Statt Klarheit fühlte ich nur Leere oder noch mehr Unsicherheit. Ich fragte mich, ob ich es falsch gemacht habe, ob meine Verbindung zu schwach war oder ob die Antwort einfach zu subtil für mich war, um sie zu erkennen.
Nach einigen Versuchen – jedes Mal mit Hoffnung begonnen, jedes Mal mit Zweifel geendet – habe ich es irgendwann sein lassen. Nicht, weil ich nicht mehr an die Kraft des Gebets glaube, sondern weil ich nicht verstanden habe, wie ich die Antwort erkennen soll. Es fühlte sich an, als würde ich in der Stille auf etwas warten, das ich nicht hören kann."

Steckbrief:

Geschlecht: Weiblich

Alter: 26 Jahre Alt

Konfession: Islam

Praktizierend: Regelmäßig

Geburtsland: England

Aktueller Wohnort: England

Anwendung von Istikhara: Selten

Ergebnis:

Als ich ein Teenager war, habe ich Istikhara einige Male ausprobiert, aber ich folgte einer unauthentischen Methode, die in einigen nichtwissenschaftlichen Büchern beschrieben wurde. Es gab spezifische Rituale, aber jedes Mal, als ich es versuchte, konnte ich nicht schlafen und es passierte nichts.

Heute bin ich reifer und habe Istikhara noch einige Male gemacht. Es ist nichts anderes als das Bitten um göttliche Hilfe oder Führung. Ich betete 2 Rak'ah wie ein Nafl-Gebet, aufrichtig und mit Hingabe, und fragte um Hilfe in meiner Muttersprache. Diesmal wurde meine Bitte erhört.

Ich war verwirrt über eine wichtige Entscheidung bezüglich meiner Bildung. Nachdem ich Istikhara gemacht hatte, fühlte ich mich plötzlich vollkommen ruhig und traf die Entscheidung ohne Zweifel. Ich war erstaunt, wie einfach es war, nachdem ich so lange unsicher war.

In einem anderen Fall betete ich um A, aber B geschah. Ich akzeptiere, was Allah entscheidet, und als ich später erfuhr, dass A zu einem großen finanziellen Verlust geführt hätte, wusste ich, dass es das Beste war.

Gott zeigt keine Magie durch Illusionen, sondern durch die wunderbare Welt, die er erschaffen hat. Er wird entweder dein Herz für eine Entscheidung öffnen oder deine Umgebung zu deinem Vorteil verändern.

Frage um Hilfe, aber konsultiere auch Experten. Gott kümmert sich nicht um Rituale, sondern um deine innere Aufrichtigkeit.

Er weiß, was das Beste für dich ist.

Ich entschuldige mich, falls es nicht hilfreich war (da ich es allgemein gehalten habe).

Steckbrief:

Geschlecht: Männlich

Alter: 40 Jahre Alt

Konfession: Islam

Praktizierend: Regelmäßig

Geburtsland: Deutschland

Aktueller Wohnort: Deutschland

Anwedung von Istikhara: SeltenErgebnis: Ich nutze Istikhara nur selten, aber als ich mich vor einer schwierigen Entscheidung stand, wusste ich, dass ich es tun musste. Ich war unsicher, ob ich in meiner jetzigen Stadt bleiben oder in eine andere ziehen sollte, um neue berufliche Möglichkeiten zu finden. Ich hatte viele Optionen, aber keine klare Richtung. Nachdem ich Istikhara gemacht hatte, traf ich die Entscheidung, den Umzug zu wagen, obwohl ich noch Zweifel hatte. Ich zog in eine neue Stadt, fand dort schnell eine neue Arbeitsstelle, die viel besser zu meinen Interessen passte, und lernte viele inspirierende Menschen kennen. Ich hätte es nie erwartet, aber alles fügte sich zusammen. Rückblickend sehe ich, dass es die richtige Entscheidung war. Das Istikhara hat mir geholfen, den richtigen Weg zu finden, und ich bin froh, dass ich darauf vertraut habe.

Steckbrief:

Geschlecht: Männlich

Alter: 29

Konfession: Islam Praktizierend: Unregelmäßig

Geburtsland: Afgahnistan

Aktueller Wohnort: Deutschland

Anwedung von Istikhara: Noch nie

Ergebnis: Als mir die Frage gestellt wurde, ob ich Istikhara gebetet habe, sagte ich direkt „Nein". Aber ich hatte schon viel darüber gehört und wusste, dass es etwas Wichtiges für viele Menschen ist. Nachdem mir dann erklärt wurde, was genau das Istikhara ist und wofür es verwendet wird, war ich fasziniert und fand die Idee, sich auf diese Weise Hilfe und Führung zu erbitten, wirklich gut. Es hat mich irgendwie angesprochen, weil es wie ein Weg scheint, dem eigenen Herzen zu vertrauen und gleichzeitig eine tiefere Verbindung zu Allah (swt) zu suchen.

In diesem Moment habe ich insgeheim beschlossen, dass ich es auch einmal versuchen möchte. Aber eine Frage hat mich beschäftigt: Gibt es eine Garantie, dass man eine klare Antwort erhält? Kann man sich sicher sein, dass man weiß, was Allah einem durch das Istikhara mitteilen möchte? Aber letztlich weiß ich, dass dies nicht in meiner Hand liegt. Es liegt alles bei Allah, dem Allmächtigen. Es ist seine Entscheidung, wie er einem führt – ob durch innere Gefühle, äußere Zeichen oder ganz subtile Hinweise.

Ich habe erkannt, dass der wahre Glaube bedeutet, sich darauf einzulassen, ohne immer eine direkte oder sofort verständliche Antwort zu erwarten. Manchmal wird die Antwort klar, manchmal nicht. Es geht darum, zu vertrauen, dass Allah einem den richtigen Weg zeigt, auch wenn es nicht immer so aussieht, wie man es sich vorgestellt hat. Deshalb hoffe ich, dass meine Entscheidung, das Istikhara zu machen, mir nicht nur bei den großen, sondern auch bei den kleinen Entscheidungen im Leben hilft – und das Vertrauen, dass ich die richtige Antwort zur richtigen Zeit bekomme.

Steckbrief:

Geschlecht: Weiblich

Alter: 24 Jahre Alt

Konfession: Christentum

Praktizierend: Nein

Geburtsland: Deutschland

Aktueller Wohnort: Deutschland

Anwedung von Istikhara: Einmal

Ergebnis: Ich bin Christ, aber habe keinen wirklichen Bezug zur Religion. Ich spüre zwar, dass es eine höhere Macht gibt, aber ich kann sie bisher nicht wirklich benennen. Religion fühlt sich für mich eher einschränkend an. Durch meine Freundin habe ich von Istikhara gehört. Sie erzählte mir immer wieder, dass sie dafür gebetet hatte, und ich wurde neugierig. Ich stellte viele Fragen und eine davon war: „Kann ich das auch machen?" Reicht es, wenn ich einfach akzeptiere, dass es diese höhere Macht gibt? Und was werde ich dabei erleben?

Was mich letztlich dazu bewegt hat, dieses Dua auszuprobieren, waren vor allem die Erzählungen, die ich von meiner Freundin hörte. Sie ist jemand, dem ich vertraue und den ich sehr schätze. Sie sprach so offen und ehrlich über ihre Erfahrungen mit Istikhara, dass es in mir eine gewisse Neugier und auch eine Art inneres Verlangen weckte, es selbst zu versuchen. Ihre Erzählungen waren nicht dramatisch, sondern eher ruhig und voller Vertrauen in den Prozess. Und das hat mich angesprochen. Vielleicht liegt der Schlüssel ja wirklich in dieser Suche nach Klarheit und dem Vertrauen, dass man durch das Gebet und die Verbindung zu dieser höheren Macht eine Antwort erhalten kann – auf eine Art, die man nicht immer sofort versteht, aber die einem am Ende den richtigen Weg zeigt.

Ich bin jemand, der sich nie an seine Träume erinnert, deshalb war ich ziemlich gespannt. Ich hatte schon länger eine ernsthafte Frage, die mich beschäftigte, und musste noch einiges über das Thema lernen. Schließlich zeigte sie mir das Istikhara-Gebet, und in den Tagen danach hatte ich einen Traum. Ich ging alles mit ihr durch, aber ich kann immer noch nicht genau sagen, was ich über das, was ich gesehen und gespürt habe, denke. Es ist noch viel zu verarbeiten, aber zwei Dinge stehen für mich fest:
Ich möchte es wieder machen!
Ich will mehr über diese Themen erfahren.
Im Großen und Ganzen fühle ich, dass ich wohl auf dem richtigen Weg bin, und ich bin gespannt, wohin er mich führen wird. Es ist, als ob ich durch das Istikhara einen ersten Schritt in eine neue Richtung gemacht habe, ohne genau zu wissen, wohin der Weg mich führen wird. Aber ich vertraue darauf, dass es der richtige Schritt war, und bin gespannt auf alles, was noch kommen mag.
Ich bin auch sehr gespannt auf dieses Buch, das mir mehr Klarheit über den gesamten Prozess bringen soll. Ich hoffe, dass es mir nicht nur hilft, die Bedeutung von Istikhara noch besser zu verstehen, sondern auch eine tiefere Perspektive auf die spirituelle Praxis eröffnet. Es könnte mir die Möglichkeit geben, noch mehr über mich selbst und den Weg, den ich gerade gehe, zu erfahren. Vielleicht gibt es mehr zu entdecken, als ich bisher dachte – und das Buch könnte der Schlüssel dazu sein.

Steckbrief:

Geschlecht: Männlich

Alter: 54 Jahre Alt

Konfession: Islam

Praktizierend: Regelmäßig

Geburtsland: Syrien

Aktueller Wohnort: Deutschland

Anwendung von Istikhara: Hin und Wieder

Ergebnis:

Ich bin kein besonders emotionaler Mensch. Entscheidungen treffe ich meist mit dem Kopf – abwägen, analysieren, fertig. Doch als ich vor ein paar Jahren ein Jobangebot im Ausland bekam, war da auf einmal mehr als nur Zahlen und Fakten. Es ging um meine Familie, unsere Zukunft, unsere Sicherheit. Ich wusste nicht weiter. Zum ersten Mal habe ich damals Istikhara gemacht – ehrlich gesagt ohne große Erwartungen. Ich dachte, ich probiere es einfach. Ich betete, schlief ruhig ein und hatte keinen besonderen Traum. Aber was danach kam, war anders.

In den Tagen darauf wurde mein Herz leichter, mein Blick klarer. Ich konnte den Gedanken an den neuen Job plötzlich mit innerem Frieden betrachten, fast so, als wäre ein Knoten geplatzt. Ich sah plötzlich Chancen, wo vorher Zweifel waren. Das war keine laute Eingebung – eher ein stilles inneres Wissen, das sich gefestigt hat.

Ich habe zugesagt, wir sind umgezogen – und rückblickend war es eine der besten Entscheidungen meines Lebens. Ich glaube heute: Istikhara bringt nicht immer Zeichen, die man sieht, sondern oft Frieden, den man fühlt.

Steckbrief:

Geschlecht: Weiblich

Alter: 34 Jahre Alt

Konfession: Islam

Praktizierend: Unregelmäßig

Geburtsland: Pakistan

Aktueller Wohnort: Deutschland

Anwendung von Istikhara: Beginner

Ergebnis:

Ich habe bereits von Istikhara gehört, ich kenne es. Aber versucht? Das habe ich nie. Erst durch meine bekannte, die mir von diesem Buchprojekt erzählt hat und erklärt hat welchen nutzen das Istikhara einem bringen kann, habe ich es dann endlich versucht und siehe da? Die Zweifel die mich bezüglich einer Entscheidung plagten, haben sich verflüchtigt.
Ich bekam meine Antwort im Form eines Gefühls. Ich habe eine direkte frage gestellt und mich am nächsten Tag wie Neugeborgen gefühlt. Da wusste ich: Das ist die RIchtige entscheidung.
Ich kann jedem empfehlen, es auszuprobieren und das Istikhara Rgelmäßig zu verwenden.

Steckbrief:

Geschlecht: Männlich

Alter: 48 Jahre Alt

Konfession: Islam

Praktizierend: Unregelmäßig

Geburtsland: Türkei

Aktueller Wohnort: Deutschland

Anwendung von Istikhara: Früher

Ergebnis:

Viele Menschen verbinden Istikhara mit Magie. Sie erwarten Träume oder bestimmte Gefühle als Antwort. Doch meiner Überzeugung nach ist weder das eine noch das andere entscheidend. Steht man im Leben an einer Weggabelung, so ist Istikhara ein Mittel, um sich Allahs Führung anzuvertrauen.

Man trifft danach bewusst oder unbewusst eine Entscheidung. Wenn sich auf diesem Weg jedoch große Hürden zeigen, kann das ein Zeichen von Allah – dem Barmherzigen – sein, dass man den anderen Weg in Betracht ziehen sollte. Ich selbst verrichte Istikhara immer dann, wenn es nötig ist. Als Lehrer in zwei verschiedenen islamischen Disziplinen habe ich durchweg gute Erfahrungen damit gemacht. Ganz gleich, was man darüber denkt – Istikhara ist in jedem Fall ein Hilfsmittel, das einem nützt.

Nachwort:

Wenn ich nun auf das, was ich in diesem kleinen Werk zusammengetragen habe, zurückblicke, kann ich aus tiefstem Herzen sagen, dass es sowohl für mich als auch für alle anderen, die dieses Buch in die Hand nehmen werden, ein Akt der Aufklärung war. Eine Frage, die immer wieder aufkommt, ist: Wie setze ich das Istikhara richtig um? Wie stelle ich eine Frage, und was steckt hinter diesem Gebet? Was hat sich im Vergleich zu früher und heute verändert? Gerade letzteres ist besonders spannend und verdient eine genauere Betrachtung.

Die Antwort auf diese Frage ist eigentlich einfach: Es hat sich nichts Wesentliches verändert. Seitdem der Prophet Muhammad (möge Allah ihn in Ehren halten) uns das Salat-al-Istikhara gelehrt hat, ist die Art und Weise, wie wir dieses Gebet verrichten, immer gleich geblieben. Der einzige Unterschied, den wir heute sehen, ist, dass das Istikhara weltweit praktiziert wird. Es wird in allen Ecken der Erde mit denselben unveränderten Versen und denselben unfehlbaren Riten vollzogen, die uns der Prophet Muhammad (möge Allah ihn in Ehren halten) beigebracht hat. Diese Tradition bleibt über die Jahrhunderte hinweg unverändert – eine Quelle der Weisheit und des Trostes, die Menschen aus allen Teilen der Welt miteinander verbindet.

Es ist wichtig zu betonen, dass das Salat-al-Istikhara kein magisches Ritual ist. Es handelt sich nicht um einen Zaubertrick, bei dem man einfach eine Flasche reibt und ein Djinn erscheint, der uns mit magischen Wünschen beglückt. Vielmehr ist das Istikhara eine bescheidene, aber tiefgehende Handlung, die auf Vertrauen und Hingabe basiert.

Es ist eine klare, sachliche Herangehensweise, die auf dem festen Glauben aufbaut, dass Allah uns in jeder Entscheidung, die wir treffen, leiten wird – sei sie groß oder klein.

Das Istikhara ist also eine Bitte an Allah (der Allmächtige und Barmherzige), uns in Momenten der Unsicherheit zu führen und uns zu zeigen, was für uns am besten ist. Es ist nicht nur für große Lebensentscheidungen wie die Wahl eines Partners oder einer Karriere wichtig, sondern auch in den kleinen Momenten des Lebens, in denen wir uns unsicher fühlen und nach Richtung suchen.

Das Vertrauen in Allah, dass er uns mit seinem unendlichen Wissen und seiner Barmherzigkeit auf den richtigen Weg führt, ist die wahre Essenz dieses Gebets. Wenn wir uns diesem Prozess hingeben, dann eröffnen sich uns Türen, die uns ansonsten vielleicht verborgen geblieben wären. Und selbst wenn die Antwort nicht immer sofort sichtbar ist, so ist das Vertrauen in Allah und die Annahme seiner Entscheidung das, was uns wahre innere Ruhe und Klarheit gibt.

Mit dieser Erkenntnis möchte ich euch einladen, das Istikhara in eurem eigenen Leben zu integrieren und den Zauber dieser einfachen, aber kraftvollen Praxis zu erfahren. Möge es euch genauso helfen, den richtigen Weg zu finden, wie es mir und vielen anderen geholfen hat. InshaAllah, so Allah (der Allmächtige und Barmherzige) es will.

Danksagung

Diese Zeilen widme ich einer besonderen Person – jemandem, der mir geholfen hat, meine innere Stärke wiederzufinden. Durch aufrichtige Gespräche, gegenseitiges Vertrauen und eine inspirierende Zusammenarbeit wurde in mir der Impuls geweckt, dieses Werk – und weitere kommende Werke – festzuhalten.

Ich danke dir von Herzen. Möge Allah dir Gutes schenken, möge Er deine Schritte leiten und deine Bemühungen segnen. Wege kreuzen sich nie ohne Grund. Im Islam glauben wir daran, dass nichts zufällig geschieht. Jede Begegnung, jede Verbindung – sie ist Teil einer göttlichen Bestimmung.

Allah sagt im Qur'an:
„Kein Unglück trifft die Erde oder euch selbst, das nicht in einem Buch verzeichnet wäre, bevor Wir es erschaffen – gewiss, das ist Allah ein Leichtes."
(Sure Al-Hadid, 57:22)

Möge Allah dich stets in Seiner Barmherzigkeit halten, dir Licht auf deinem Weg schenken und dich mit Gutem belohnen – in diesem Leben und im Jenseits.

Danke, Safia.

Impressum

Angaben gemäß § 5 TMG und Buchpreisbindungsgesetz (BuchPrG)
Autor:
Safia Bashir

Verlag: BoD · Books on Demand GmbH
Überseering 33, 22297 Hamburg bod@bod.de
Druck: Libri Plureos GmbH, Friedensallee 273, 22763 Hamburg

Verantwortlich für den Inhalt nach § 55 Abs. 2 RStV:
Safia Bashir [Adresse wie oben]

Bibliografische Information der Deutschen Nationalbibliothek: Die Deutsche Nationalbibliothek verzeichnet diese Publikation in der Deutschen Nationalbibliografie; detaillierte bibliografische Daten sind im Internet über dnb.dnb.de abrufbar.

ISBN: 978-3-8192-4671-5